Super Phonics for Superstar Readers

Copyright © 2011 by Jackie Taylor. 101750-TAYL
Library of Congress Control Number: 2011919684
ISBN: Softcover 978-1-4653-8729-5
Hardcover 978-1-4653-8730-1

All rights reserved. No part of this book may be reproduced or transmitted in any form or by any means, electronic or mechanical, including photocopying, recording, or by any information storage and retrieval system, without permission in writing from the copyright owner.

To order additional copies of this book, contact:
Xlibris Corporation
1-888-795-4274
www.Xlibris.com
Orders@Xlibris.com

Super Phonics for Superstar Readers

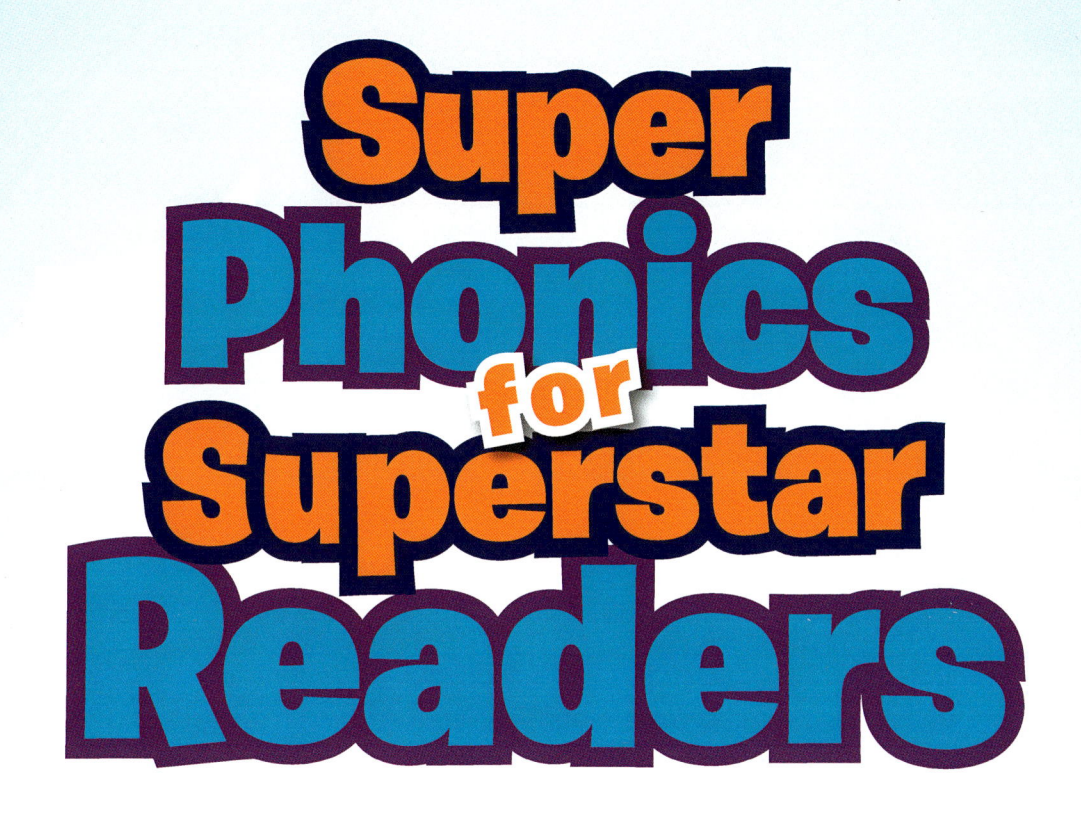

Jackie Taylor

Dedication

This book is dedicated to my children and grandson.

My beautiful daughter, Aisha D. Grubbs (✝ 2/20/1978–10/28/2010), my son LCPL Jonathan T. Bradfield, my beautiful daughter, Angela H. Grace and grandson, Isaiah Grubbs.

Acknowledgement

I would like to acknowledge my parents: Willie Ola Taylor and Leroy Taylor for instilling the importance of education in all of my sisters and brothers. My Auntie Elnora Palmer Hamb, a lifelong educator, for instilling the importance of education to success. My sisters and brothers, Linda Bussell, Shirley Taylor, James Taylor, Madaline Haywood, and Deborah Willis. We had to all have our homework done before we could go out and play. I would also like to acknowledge my boss Ben Pecaro of Total Nurses Network, Gerald Cotton, Gregory Grubbs, Teresa Paschal, Christine Dixon and Marsha Ann Gause, for helping me survive the worst time in my life. Friends are Forever.

ALPHABET

a   ă   apple

b   ball

c   cake

c   ĉ   cereal

d   dog

e	ĕ	egg
f		fan
g		gate
g	ĝ	giant
h		hat
I	ĭ	itch

j   jail

k   kite

l   light

m   money

n   nose

o   ŏ   octopus

p   pot

q	qu	queen	
r		rain	
s		sun	
t		ten	
u	ŭ	up	
v		vase	

w   window

x   x-ray

y   yo-yo

z   zoo

VOWELS (a e i o u)

a   ă   apple

a   ā   ace

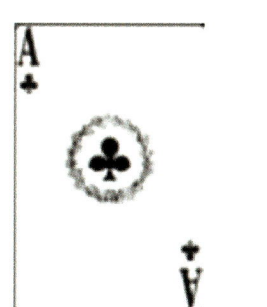

e   ĕ   egg

e   ē   tree

I	ĭ	itch
I	ī	ice
o	ŏ	octopus
o	ō	over
u	ŭ	up
u	ū	suit

and sometimes Y

y   ī   by-my-cry

y   ē   baby-happy

SHORT (ă) SOUND

ant

apple

arrow

ăb

cab   tab
dab
fab
gab
jab
lab
nab

ăck

back   sack
hack   tack
jack   wack
lack   zack
mack
pack
rack

ăd

bad	sad
cad	tad
dad	
fad	
had	
lad	
mad	
pad	

ăg

bag	tag
gag	wag
hag	
jag	
lag	
nag	
rag	
sag	

ăll

ball wall

call

fall

gall

hall

mall

pall

tall

ăm

bam tam

dam

ham

jam

mam

pam

ram

sam

ăn

ban	van	
can		
dan		
fan		
man		
pan		
ran		
tan		

ăp

cap	zap
gap	
lap	
map	
nap	
rap	
sap	
tap	

ar	**ark**
are	bark
bar	dark
car	hark
far	lark
jar	mark
tar	park

ăs	**ăt**
gas	bat
has	cat
ăst	fat
cast	hat
fast	mat
last	pat
mast	rat
past	sat

aw

haw
jaw
paw
raw
saw

ay

bay
day
fay
gay
hay
jay
kay
lay

may
pay
ray
say
way

ĕb	**ĕck**	**ĕd**
web	beck	bed
	deck	fed
	heck	jed
	neck	led
	peck	ned
		red
		ted
		wed

ĕg	**ĕll**	
beg	bell	well
egg	dell	yell
keg	fell	
leg	hell	
peg	pell	
	sell	
	tell	

em (im) **en** (in)   **ĕs**

gem   ben   yes
hem   den
            hen
            lens
            men
            pen
            ten
            yen

ěst

best
jest
nest
pest
rest
test
vest
zest

ět

bet
get
let
met
net
pet
set
vet

wet
yet

ĕw

dew

few

hew

jew

new

pew

ĕy

hey

ĭb	ĭck	ĭd
bib	hick	bid
crib	lick	did
fib	rick	hid
lib	sick	kid
rib	tick	lid
	vick	rid
		sid

ĭg	**ĭll**	
big	bill	pill
dig	dill	quill
fig	fill	sill
gig	gill	till
pig	hill	will
wig	kill	
zig	mill	

ĭm	**ĭn**	
dim	bin	tin
him	din	win
jim	fin	
kim	kin	
rim	pin	
tim	sin	

ĭp

dip
hip
jip
lip
rip
sip
tip

whip
zip

ĭsk

disk
risk
wisk

ĭs

his
kiss
miss

ĭst

fist
gist
list
mist

ĭt

bit
fit
hit
kit
lit
mitt

pit
quit
sit
wit
zit

ĭve

give
live

ŏb

bob

cob

job

mob

rob

sob

ŏck

cock

dock

hock

jock

lock

knock

mock

rock

sock

tock

ŏd	**ŏg**	**ŏp**
cod	dog	bop
god	fog	cop
mod	hog	hop
nod	log	mop
pod		pop
rod		top
sod		

or		**ŏt**
bore	tore	cot
core	wore	dot
for		got
fore		hot
more		lot
pore		not
sore		pot

ôw

bow   wow

cow

how

now

pow

sow

vow

ōw

bow

know

low

mow

row

sow

tow

ŏx	**oy**
box	boy
cox	coy
fox	joy
lox	roy
pox	soy
sox	toy

ŭb	**ŭck**	**ŭd**
cub	buck	bud
dub	duck	cud
hub	luck	dud
pub	puck	mud
rub	suck	suds
sub	tuck	
tub	yuck	

ŭg	**ůll**	**ŭm**
bug	dull	bum
dug	hull	dumb
hug	mull	gum
lug	**üll**	hum
mug	bull	mum
rug	full	rum
tug	pull	yum

ŭn	**ŭp**	**ŭs**
bun	cup	bus
fun	pup	cuss
gun		fuss
nun		gus
pun		muss
run		
sun		

ŭt

but   rut

cut   tut

gut

hut

mutt

nut

ôô	**ood**	**oof**
boo	food	goof
coo	mood	hoof
moo	**ood**	roof
too	good	
woo	hood	
zoo	wood	

ook	**ool**	**oom**
book	fool	boom
cook	kool	doom
hook	pool	loom
look	tool	room
nook	wool	zoom
took		

oon

boon

coon

goon

loon

moon

noon

soon

oop

coop

hoop

loop

oose	**oot**	**ooze**
goose	boot	booze
loose	coot	snooze
moose	hoot	
noose	loot	
	moot	
	root	
	soot	

LONG (ā) SOUND

ace

angel

ape

LONG VOWEL/SILENT E

ābe	âĉe	āde
babe	face	bade
gabe	lace	fade
	mace	jade
	pace	made
	race	wade

āge	**āil**	
cage	bail	pail
page	fail	rail
rage	hail	sail
sage	jail	tail
wage	mail	wail

āme	**āne**
came	bane
wane	dame
cane	fame
dane	game
lane	lame
mane	name
pane	same
sane	tame
vane	

āpe	**āse**	**āte**
cape	base	fate
gape	case	gate
nape	vase	hate
rape		late
tape		nate
		mate
		rate

āve

cave

dave

gave

pave

rave

save

wave

LONG A silent Y

āy

bay
day
fay
gay
hay
jay
lay

may
nay
pay
ray
say
way

āze

daze
faze
gaze
haze
maze

ēa

pea

sea

tea

ēad

bead

lead

read

ēak

beak

leak

peak   weak

ēam

beam

ream

team

ēan
bean
dean
lean
mean
wean

ēap
heap
leap
reap

ēat
beat
feat
heat
meat
neat
seat

ēave
leave
weave

ēē	**ēed**	**ēef**
bee	deed	beef
fee	feed	reef
gee	heed	
knee	need	
lee	reed	
pee	seed	
see	weed	

ēēk	**ēēl**	**ēēm**
geek	feel	deem
meek	heel	seem
peek	kneel	
reek	peel	**ēēn**
seek	reel	seen
week	wheel	teen

ēep	**ēet**
beep	beet
deep	feet
jeep	heet
keep	meet
peep	
seep	
weep	

ībe	**īde**	**īfe**
vibe	bide	life
īĉe	hide	wife
dice	ride	
lice	side	
mice	tide	
nice	wide	
rice		
vice		

ike	**ile**	**ime**
bike	bile	dime
dike	file	lime
hike	mile	mime
like	pile	time
mike	tile	
pike	vile	

ind

bind
find
hind
kind
mind
rind
wind

ine

dine
fine
line
mine
nine
pine
vine

wine

ipe

pipe
ripe
wipe

ire	**ise**	**ite**
dire	rise	bite
fire	wise	kite
hire		lite
mire		mite
sire		quite
tire		rite
wire		site

ive

dive

five

hive

jive

live

ize

size

Long ō sound

ōat	ōde	ōil
boat	bode	boil
coat	code	coil
goat	mode	foil
moat	node	soil

ōbe | rode | toil

lobe
robe

ōke	**ōld**	**ōle**
joke	cold	cole
poke	fold	dole
toke	gold	hole
	hold	mole
	mold	pole
	sold	role
	told	sole

ōme

dome

home

knome

rome

ome (um)

come

some

ōne	**ōpe**	
bone	cope	pope
cone	dope	rope
hone	hope	
lone	lope	
tone	mope	
zone	nope	

ōse

dose

hose

nose

pose

rose

ōte

dote

mote

note

tote

vote

ōve

cove rove

dove wove

ūbe
cube
lube
rube
tube

ūde
dude
nude
rude

ūge
huge

ūin
ruin

ūit
suit

ūke	**ūle**	**ūme**
duke	mule	fume
fluke	rule	
luke		**ūne**
nuke		dune
puke		june
		tune

ūse	**ūte**
fuse	cute
muse	mute
ruse	

LONG (Y) SOUND

ēē

baby

crazy

daisy

fancy

gravy

mommy

navy

LONG (Y) SOUND (ī)

by	guy	shy	wry
bye	lye	sky	
cry	my	sly	
dry	ply	spry	
dye	pry	spy	
fly	rye	sty	
fry	rhyme	try	

TWO (2) & THREE (3) letter consonants

blender

planet

school

bl sound

blue    blind

blow 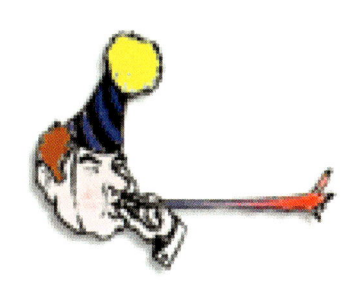   black

br sound

brown 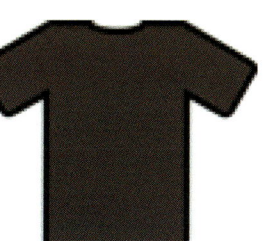   break

brain 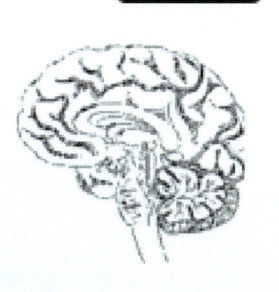   brow

ch sound

chair   cheek

chimp   cherry

cl sound

clock   clown

cloud   clap

cr sound

cream   cry

crib   crown

dr sound

drink   dream

drum   drive

fl sound

flower

flame

flag

flood

fr sound

frame

front

frown

frank

gh sound (g) & (f)

ghost   ghoul

laugh    rough

gl sound

glass 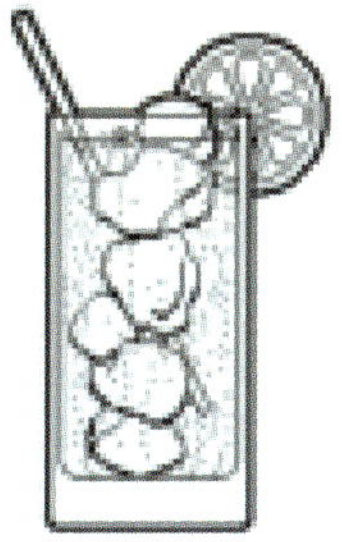   glue

glow    globe

gr sound

grill   grow

green   grape

ph sound   (f)

phone    photo

elephant

pl sound

plane   play

pliers   plow

pr sound

pray   pretty

prick   price

qu sound

queen    quarter

quiet    quote (" ")

sc sound

scale    scare

scoop    score

scr sound

scratch   scrape

scribble   screw

sh sound

shoe   shine

ship   shower

sl sound

sleep    sleet

slip    slide

sp sound

spot    spade

spin 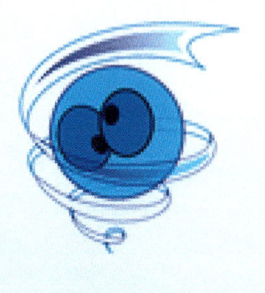   spider

spr sound

spray spring

sprout sprinkle

squ sound

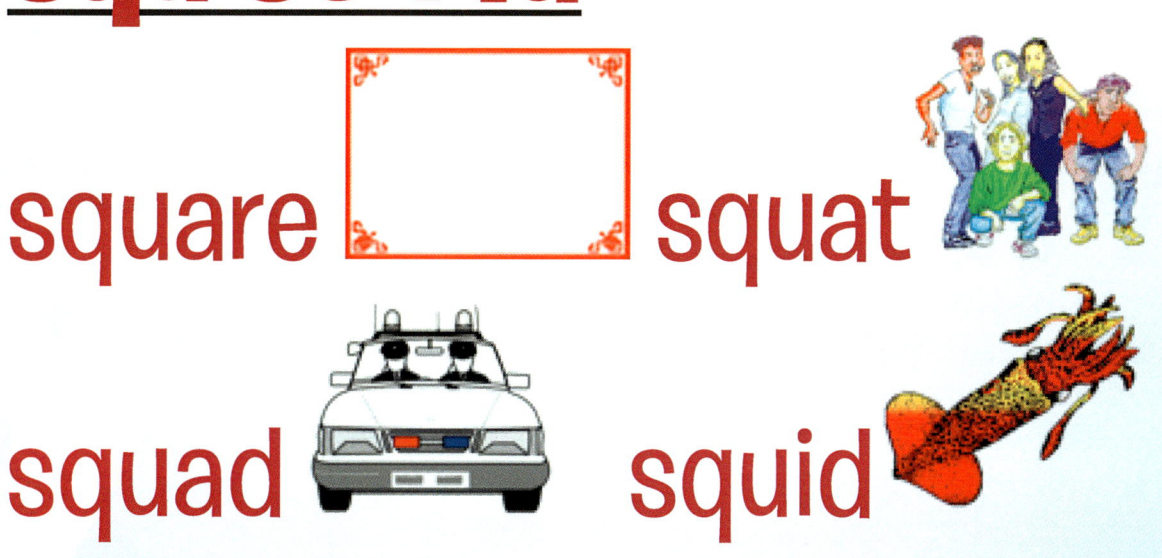

square squat

squad squid

st sound

stop   stove

stone   step

str sound

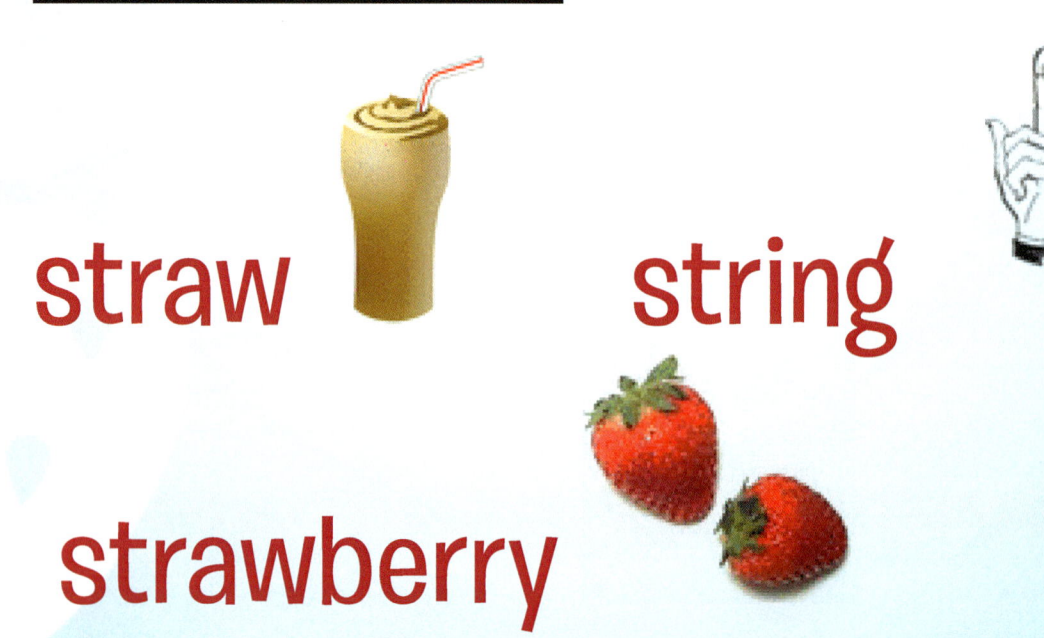

straw   string

strawberry

sw sound

sweet swim

sweat swing

tr sound

tree train

truck trick

th sound

than   that   thaw

the   them   then

there   these   they

thick   thigh   thin   thing

think   thirst   this

those   though   thought

thud   thug   thumb

thy   thyme

wh sound

whale   what

wheat   wheel   when

where

while   white

who   whom   whose

why

wr (r) sound

wreath

wren

wrought

wr (r)

wrap

wreath

wreck

wren

wrench

wrestle

wrist

write

wrong

wrote

wrought